VIE ET CULTE

DE

SAINT ÉVRARD

par

M. L'ABBÉ MARICHAL.

LANGRES,

J. DALLET, Libraire-Éditeur, place Chambeau.

1866.

VIE ET CULTE

DE

SAINT ÉVRARD.

Nous avons dit, dans un numéro de la *Semaine Religieuse*(1), qu'une des fins que se propose cette petite feuille, c'est de recueillir et de publier, pour l'instruction et l'édification des peuples, les traditions locales sur la vie, le culte et les miracles de quelques saints peu connus et spécialement honorés dans certaines paroisses du diocèse. Aujourd'hui plus que jamais se fait sentir le besoin de ne pas laisser perdre ces précieux souvenirs, ces naïves légendes que nos pères aimaient à raconter à leurs enfants, et que notre génération froide et raisonneuse n'est que trop portée à dédaigner et à oublier. C'est dans cette pensée et pour répondre à ce besoin que nous allons publier la vie d'un saint dont le nom n'est pas même cité dans les Bollandistes, mais qui, avant la Révolution, possédait une chapelle dans l'Eglise Saint-Pierre et Saint-Paul de Langres, et dont le culte est encore très-vivace dans les trois paroisses de Luzy, Verbiesles et Laville-aux-Bois; nous voulons parler de saint Evrard.

(1) La Vie de saint Evrard a paru dans la *Semaine religieuse* du diocèse de Langres.

1866

M. l'abbé Godard, dans son petit ouvrage intitulé : *Vie des saints de la Haute-Marne*, a consacré à saint Evrard quelques pages dont le seul défaut est la brièveté. Ces pages sont extraites à peu près entièrement d'une notice composée par M. Crépin, ancien curé de Luzy. M. l'abbé Thevenot, successeur de M. Crépin, a eu l'obligeance de nous communiquer cette notice fort bien écrite et où respire la plus tendre dévotion à saint Evrard. Nous n'avons eu, pour la compléter, qu'à y ajouter certains détails historiques empruntés à l'*Histoire de la Haute-Marne*, par M. E. Jolibois, et quelques renseignements fournis par Messieurs les Curés de Laville-aux-Bois et de Luzy. Enfin, nous avons mis à profit nos souvenirs personnels. La légende de saint Evrard a bercé notre enfance, et plus tard, nous avons obtenu, par son intercession, une faveur qui, en lui donnant un titre éternel à notre reconnaissance, nous a engagé à étudier sa vie dans ses moindres détails. Depuis longtemps nous désirions l'écrire, quand la *Semaine Religieuse* est venue nous en fournir une occasion des plus favorables. Nous nous empressons de la saisir, et nous dédions notre travail à nos compatriotes, ainsi qu'aux habitants de Luzy et de Verbiesles, qui, nous l'espérons, voudront bien l'accueillir.

I

Entre les territoires de Luzy, Laville-aux-Bois et Biesles, s'ouvre une vallée étroite et profonde appelée Moiron. Ce mot vient, selon toute probabilité, du latin *Mora*, séjour, lequel s'écrivit successivement *Morun*, *Moron* et enfin Moiron; ou peut-être de *Morum*, mûre sauvage, baie qui se trouve en très-grande quantité dans les environs. Elle est arrosée par un ruisseau qu'on appelle le *Ruisseau de Moiron*, et qui se jette dans la Marne, à peu de distance de Foulain, après un cours de cinq à six kilomètres.

Cette vallée, aujourd'hui très-agréable, entourée de vastes forêts, et où l'on rencontre successivement les fermes du Veudé et de Moiron-le-Bas, le château de Moiron et l'ancienne forge de la Foulaine, devait présenter, au IXe siècle, l'aspéct le plus sauvage et offrir une retraite des plus solitaires et des plus tranquilles.

C'est là que vers l'an 856, sous l'empereur Lothaire, un duc d'Italie, nommé *Eberardus* (Evrard), après avoir renoncé au monde et erré quelque temps en France, vint s'ensevelir pour mener une vie pénitente et travailler efficacement au salut de son âme.

Pendant vingt ans il y vécut en anachorète, se nourrissant de racines et d'herbes amères, ne mangeant du pain qu'à certains jours de fête, portant des habits grossiers, et infligeant à sa chair innocente les plus cruelles flagellations.

N'ayant presque aucun commerce avec les hommes, *sa conversation était toujours dans les cieux;* redoutant l'oisiveté, *la mère de tous les vices,* il s'occupait à faire paître un troupeau de moutons ou de porcs qu'il donnait aux pauvres du voisinage.

Sa charité et plusieurs miracles qu'il opéra lui avaient mérité la vénération des habitants d'alentour. Ceux de Luzy lui rendirent les derniers devoirs, et couvrirent ses restes d'une simple tombe entourée de quelques arbres, mais l'évêque de Langres, instruit des prodiges qui s'opéraient par l'intercession du saint, fit exhumer ses ossements; et, comme la forêt de la Garenne, ainsi que la plus grande partie de la vallée de Moiron où Evrard conduisait son troupeau, appartenaient à l'évêché, il y bâtit à ses frais une chapelle et y déposa les reliques du solitaire, qui y restèrent jusqu'à la révolution de 1789 (1).

(1) D'après une légende, qui s'est transmise de bouche en bouche, Evrard aurait été au service d'un riche habitant de Langres, dont il conduisait les troupeaux jusque dans la vallée de Moiron. Malgré

II

Depuis l'époque de la mort d'Evrard, c'est-à-dire depuis la fin du IXe siècle jusqu'au XIXe, sa chapelle devint le but d'un pélerinage très-fréquenté. On y accourait, non seulement des pays voisins, mais encore de très-loin, pour demander le soulagement des malades, la pluie dans les moments de sécheresse, et le beau temps pour les récoltes. L'intérieur de la chapelle était couvert d'*ex-voto*, entre autres de crosses laissées par les boiteux et les paralytiques, après leur guérison miraculeuse. Les vieillards encore existants disent unanimement que, bien des fois, ils sont partis à Moiron, croix et bannière en tête, par une pluie battante, et qu'ils sont revenus avec le temps le plus serein et le plus favorable, à la veille des moissons.

Les habitants de Luzy, de Verbiesles, de Laville-aux-Bois, de Poulangy, de Biesles, de Sarcey et de Foulain avaient une dévotion toute particulière à saint Evrard. Chaque année, le 15 Juillet, date à laquelle on rapporte sa mort, ils se rendaient à Moiron, pour célébrer sa fête, et M. le curé de Luzy chantait ou faisait chanter, par son vicaire de Laville-aux-Bois, les offices à la chapelle.

Il y avait encore, le lundi de Pâques, un grand pélerinage

la distance considérable qu'il avait à franchir, il n'était jamais en retard ; chaque soir il s'agenouillait aux pieds de son maître pour lui ôter ses chaussures. Mais sa vertu ayant été reconnue, le maître refusa ce service et se déchaussa lui-même. Comme Evrard, étonné, lui en demandait la raison : « Ah ! dit-il, de mon maître je faisais mon serviteur ! »

La même légende ajoute qu'Evrard bâtit lui-même sa chapelle, et qu'en la construisant il opéra plusieurs miracles. Enfin il aurait fait, — toujours d'après la même tradition, — avant de mourir, la recommandation suivante : « Quand vous serez pour m'enterrer, « vous attellerez deux jeunes taureaux, qui n'ont pas encore subi « le joug, à une charrette sur laquelle vous placerez mon corps; vous « les laisserez aller, et là où ils s'arrêteront, vous creuserez ma « tombe. » Guidés par une main invisible, ces animaux se rendirent, par un chemin long et difficile, dans la vallée de Moiron, et reculèrent la voiture à l'endroit même où s'élevait la chapelle.

à Moiron, où l'on offrait le saint sacrifice de la messe. À d'autres époques de l'année, on la disait sur les reliques du saint, à la demande de quelques familles. Souvent, du reste, les parents conduisaient, le dimanche, leurs enfants à Moiron pour satisfaire leur dévotion à saint Evrard, et prendre un modeste repas sous les arbres qui avoisinaient la chapelle. Un octogénaire a raconté à M. Crépin (qui a consigné dans sa notice tous ces intéressants détails), que ces pieuses démarches se faisaient sans bruit, sans ostentation, et surtout sans désordres. C'étaient de véritables pélerinages, destinés à entretenir la foi et la piété dans les cœurs.

Quand une calamité régnait ou menaçait, tout le monde se rendait en procession dans la vallée du Solitaire, pour implorer sa protection.

Les temps ont bien changé ! Il y a quelques années, les populations voisines de Moiron s'y rendaient encore le lundi de Pâques ou le premier dimanche de Mai ; seulement, c'était moins pour honorer saint Evrard que pour s'amuser ; car Moiron, comme la plupart des anciens pélerinages, était devenu ce qu'on appelle vulgairement un *apport*, où l'on vendait toute espèce de comestibles et où la jeunesse se livrait plus ou moins à la dissipation. Il est vrai que les mères chrétiennes ne manquaient jamais d'aller, avec leurs petits enfants chargés de pains d'épices, faire dévotement leur prière à saint Evrard, dans le petit oratoire qui a remplacé son ancienne chapelle.

Aujourd'hui, les peuples des campagnes semblent moins portés à ces divertissements, et l'on peut dire que la dévotion à saint Evrard est mieux entendue et mieux appréciée.

* * *

« Les Evêques de Langres avaient préposé à la garde du tombeau de saint Evrard des religieux, chevaliers du Corgebin, d'Esnouveaux et de la vallée de l'Aube. Ils habitaient une maison dont les épaisses murailles et les salles voûtées en ogive attestent une construction d'un ordre militaire, comme celle des Templiers ou des chevaliers de Saint-Jean-de-Jérusalem (1). »

M. E. Jolibois dit que le prieuré de saint Evrard, qui comprenait les fermes dont nous avons parlé en décrivant la vallée de Moiron, appartenait à l'ordre de S.-Augustin, et que la chapelle, qui existe encore, avait été reconstruite au XIII⁰ siècle; mais M. Godard pense qu'elle date du XII⁰, attendu « qu'elle porte tous les caractères de l'architecture romane. » Nous en reparlerons plus loin.

« Le prieuré ou hôpital, dit M. Jolibois, était déjà fondé au XII⁰ siècle et dépendait de Saint-Geosmes (2). Il fut d'abord conventuel, car on trouve un acte de 1258, souscrit par *Alardus, magister* de Moiron, *et totius ejusdem loci conventûs*. En 1333, il est désigné sous le nom de Moiron, ou hôpital de Moiron (3). Il tomba en commende, comme la plupart des établissements religieux, au commencement du XVI⁰ siècle, et le roi le donna successivement aux cadets de la maison de Bourgogne.

Le prieuré de Moiron possédait les reliques de saint Evrard ; elles étaient en grande vénération dans le pays, et, en 1745, le prieur Jacques de Vayvre, de la maison de Compiègne, les avait solennellement fait tirer de la châsse antique où elles étaient déposées, pour les renfermer dans un reliquaire plus digne.

Le père Vignier, qui a visité le tombeau de S. Evrard vers le milieu du XVII⁰ siècle, en fait la description suivante : « Au côté droit de l'autel, dit-il, est un sépulcre qu'on

____

(1) Vie des Saints de la Haute-Marne, p. 73.
(2) Le prieuré de St-Geosmes dépendait de l'ordre de S. Augustin.
(3) Cet hôpital avait été ouvert pour le soulagement des pélerins qui, à l'époque des croisades, suivaient le chemin de Langres à Chaumont.

« estime être du saint, mausolée en pierre avec quelques
« figures d'une antiquité qui paraît être du XIe siècle. Il est
« représenté en seigneur, ayant une couronne de comte
« sur la tête. On y accourt, ajoute-t-il, en terminant, pour
« le mal de tête, et plusieurs fébricitants et autres malades,
« ayant bu de l'eau de la fontaine, qui est près de la cha-
« pelle, en ont été guéris (1). »

IV

Lors de la fermeture du prieuré, en 1791, les habitants
de Luzy réclamèrent les reliques de saint Evrard, et un
arrêté du directoire départemental les autorisa à transférer ce précieux dépôt dans leur église. Ils prièrent leur
respectable curé, M. Dufour, de demander à Mgr de la
Luzerne la permission d'opérer cette translation, et Monseigneur, accédant aux désirs qui lui étaient manifestés, lui
répondit en ces termes :

16 Août 1790.

« J'ai, Monsieur, reçu votre lettre du 6 de ce mois, par
laquelle vous me demandez, au nom des municipalités de
Luzy, Verbiesles et Laville-aux-Bois, une permission pour
transférer dans votre église les reliques de saint Evrard,
qui reposent dans une chapelle située sur les limites de
votre paroisse. Les motifs que vous m'exposez me parais-
sent suffisants pour autoriser cette translation, et je ne fais
aucune difficulté d'accéder à votre demande.

Le duc DE LANGRES. »

(1) Histoire de la Haute-Marne. — En 1802, un jeune homme
fut guéri de la fièvre tremblante presque subitement par l'intercession de saint Evrard. Plusieurs personnes encore existantes — entre
autres, celui qui écrit ces lignes — ont recouvré la santé après avoir
bu de l'eau de la fontaine dont parle le P. Vignier, et qui jouit toujours de la même réputation.

L'année suivante, au mois de janvier, les habitants de Luzy résolurent d'exécuter leur généreux dessein. Sachant que les villages voisins voulaient s'opposer à l'enlèvement des reliques, ils partirent, à 10 heures du soir, en assez grand nombre pour se défendre en cas d'attaque. Arrivés à Moiron, ils se prosternèrent sur le pavé de la chapelle, et M. le curé se faisant l'interprète de ses paroissiens, demanda à Dieu, par l'intercession du Saint, le succès de l'entreprise.

Les ossements reposaient en grande partie dans une châsse dorée placée au-dessus de l'autel. Le reste était exposé sous verre, dans un buste creux, en bois, figurant le portrait d'Evrard, et dans un reliquaire en forme de bras. Le crâne et les os maxillaires étaient dans le buste, et l'avant-bras, dans le reliquaire. Ce sont les mêmes qui se trouvent encore dans l'église de Luzy.

Le tout fut en un instant chargé sur un brancard, et ce précieux fardeau, porté par quatre hommes, parvint à sa destination au point du jour.

Le lendemain, on retourna à Moiron, avec une voiture, pour ramener le tombeau et le monument qui le surmontait. Le tombeau était vide depuis longtemps. Ainsi qu'on les trouva dans le sanctuaire de la chapelle, du côté de l'évangile, on les établit dans l'église de Luzy ; la châsse, le buste et l'avant-bras eurent aussi la même exposition qu'auparavant.

De retour de leur pieuse expédition, les habitants de Luzy dressèrent un procès-verbal de translation, dont voici un extrait conforme copié sur le registre des actes de la paroisse.

« L'an mil sept cent quatre-vingt-onze, le vingt et un janvier, en vertu de la permission à nous accordée par Monseigneur l'Evêque de Langres, déposée entre les mains de M. le procureur du district de Chaumont, et à la réquisition des officiers municipaux et du conseil général de la commune de Luzy, savoir, par le sieur François Charbey, maire, François Bordet et Jean Legros, officiers municipaux, Didier Martin, prud'homme de la commune, Didier Bâtier, Jean Michaut, J. B. Michaut, Honoré Michaut et François Voillemin, J. Baptiste Renaut, notables, et Nicolas Michel, secrétaire, greffier, soussignés, comme aussi à la réquisition de toute la paroisse en général, ont été solennellement transférées les reliques de S. Evrard, leur patron, de la chapelle dite de Moiron, pour être déposées à l'église paroissiale de Luzy, et exposées à la vénération publique.

Signé : Charbey, maire, J. Baptiste Michaut, Voillemin, Bâtier, J. Baptiste Renaut, H. Michaut, J. Michaut, G. Legros, F. Sauvage, P. Valton, Driou, et Dufour, curé. »

L'église de Luzy, dédiée à saint Gall, eut dès lors deux patrons : saint Gall et saint Evrard.

En 1793, des hommes impies vinrent de Chaumont pour profaner l'église de Luzy ; ils n'épargnèrent pas les reliques de saint Evrard. A la menace du vandalisme, on avait sauvé le buste-reliquaire et l'avant-bras. Mais la châsse était encore au-dessus du retable de l'autel, lorque les forcenés, la cognée à la main, pénétrèrent dans le sanctuaire et brisèrent tout ce qu'il y avait de plus respectable. Une partie des ossements de saint Evrard fut disséminée sur le cimetière qui tient à l'église, et l'autre répandue non loin de la châsse dans l'église même. Le lendemain, de pieuses femmes recueillirent ces débris qu'elles reconnurent pour être les reliques de leur saint patron, et plus tard, quand l'époque de la terreur fut passée, elles remirent ce dépôt sacré aux mains de leur pasteur.

La châsse avait été scellée du cachet d'authenticité, comme on peut encore le voir par quelques traces, et elle renfermait plusieurs pièces écrites où étaient relatés les miracles attribués à saint Evrard, et les motifs de la vénération profonde dont il était l'objet. Ces papiers, malheureusement, ont été lacérés et jetés au vent par les révolutionnaires profanateurs.

Voici maintenant quel est l'état des reliques et du culte de saint Evrard.

Les reliques sont partagées entre les églises de Luzy, Verbiesles, Laville-aux-Bois et Dardenay ; les Annonciades de Langres en possèdent une partie assez notable. Il y en a aussi à la cathédrale ainsi qu'à l'hôpital de la Charité.

La relique de Laville-aux-Bois est double ; elle se compose d'une rotule du genou et d'une vertèbre. Elle a été donnée en 1858 par M. Crépin, ancien curé de Luzy, à M. Amiot, curé de Laville-aux-Bois. Elle est authentiquée et exposée, les jours de fête, à la vénération des fidèles, dans un reliquaire de style gothique.

Quant aux reliques possédées actuellement par l'église de Luzy, elles reposent, comme nous l'avons dit, en trois endroits différents : l'avant-bras, dans un reliquaire en forme de bras ; le crâne et les os maxillaires, dans un buste simulant l'effigie de saint Evrard ; et le reste, dans une châsse en pierre, de style gothique du XIIIe siècle, exécutée par M. Charonnot, en 1860, au moyen d'une souscription, qui, pour le dire à l'honneur des habitants de Luzy, a été facilement couverte.

Authentiquées en 1839 par Mgr Parisis, elles le furent de nouveau par Mgr Guerrin, en 1860, à l'occasion de la translation du tombeau, du fond du chœur où il était, à la place qu'il occupe maintenant, c'est-à-dire à l'entrée du chœur du côté de l'évangile.

Voici la traduction de l'authentique dressé par Monseigneur Guerrin :

« Nous, Jean-Jacques-Marie-Antoine Guerrin, évêque de Langres ;

« Les reliques insignes de saint Evrard, transférées autrefois dans l'église de Luzy, par la permission de l'illustrissime et révérendissime Mgr de La Luzerne, avaient été, pendant la révolution française, vers la fin du dernier siècle, enlevées de leurs châsses par les impies, et indignement dispersées dans l'église et sur le cimetière ; mais, recueillies par le zèle et la piété des fidèles, elles furent replacées où elles étaient auparavant ;

« Nous étant assuré de la vérité des faits et de l'authenticité de ces reliques, par le témoignage du pasteur et des anciens de la paroisse, nous avons pieusement reconnu ce précieux dépôt, renfermé dans une châsse de pierre, nous avons scellé cette châsse de notre sceau, et nous permettons que ces saintes reliques, ainsi reconnues et munies de notre sceau, soient exposées, comme avant, à la vénération des fidèles.

Donné à Luzy, le 23 décembre 1860. »

VI

A Laville-aux-Bois, saint Evrard n'a qu'une fête, celle du 15 juillet. Elle se célèbre le jour même de l'incidence ; les offices sont solennels et toute la paroisse y assiste. Malgré l'indifférence générale en matière religieuse, cette population, nous sommes heureux de le dire, a conservé intacte sa dévotion à ce saint protecteur, qu'elle invoque spécialement contre les fièvres et contre les mauvais temps, à l'époque des moissons. L'image qu'elle possède a été donnée par M. Claude Coustillier, ancien maire de Laville-aux-Bois et chevalier de la Légion d'Honneur.

A Luzy et à Verbiesles, notre saint a deux fêtes : le lundi de Pâques et le 15 juillet. Le lundi de Pâques, pendant la grand'messe, à l'offertoire, tous les assistants vont baiser le reliquaire que leur présente M. le curé ; et le 15 juillet, les vêpres sont suivies d'une cérémonie des plus touchantes.

Les habitants de Luzy se dirigent en procession du côté de Verbiesles, en portant le buste du Saint, qui renferme des reliques. Au même instant ceux de Verbiesles se mettent aussi en procession pour venir au-devant du saint patron. Les deux cortéges se rencontrent à milieu chemin et se rendent à l'église de Verbiesles, où l'on prêche, en présence des deux paroisses réunies, un sermon à la louange du Bienheureux. On donne ensuite la bénédiction solennelle du Saint-Sacrement, après quoi les habitants de Verbiesles reconduisent la relique du Saint et leurs voisins, jusqu'à l'endroit où ils les avaient rencontrés.

Rien de plus beau, ajouterons-nous avec M. Crépin, que cette double procession à travers les blés qui commencent à jaunir, au sein d'une riche campagne arrosée par la Marne, traversée par le chemin de fer et bordée à l'est, par des coteaux arides, qui lui donnent l'aspect d'une oasis au milieu d'un désert. Rien de plus gracieux que cette fusion de bannières et de chants religieux à la gloire de Dieu, en l'honneur du même saint, de la part de deux paroisses en habits de fête, tandis que les populations voisines vaquent à leurs occupations ordinaires ; et le voyageur qui, de la portière d'un wagon entrevoit d'un regard rapide ce spectacle édifiant, ne peut manquer d'en conserver, pour peu qu'il ait le sentiment du beau chrétien, un doux et pieux souvenir.

Cette fête est exclusivement religieuse ; il n'y a pas le

moindre divertissement et rien ne trouble le recueillement des deux paroisses. La journée entière se passe en actes de piété et en témoignages de gratitude à saint Evrard, pour les faveurs qu'il a obtenues à Luzy et à Verbiesles, par sa puissante protection.

Outre le tombeau de saint Evrard, œuvre des plus curieuses, on voit encore dans l'église de Luzy, au fond du chœur, un magnifique vitrail représentant notre saint en costume de berger, la couronne de comte à ses pieds. Ce vitrail, de même que la châsse, est dû à la générosité de la paroisse tout entière, qui l'a acquis au moyen d'une souscription.

Un mot maintenant de l'ancienne chapelle dont nous avons déjà parlé. Située au val de Moiron, sur le territoire de Laville-aux-Bois, dont elle est éloignée d'environ trois kilomètres, elle a été malheureusement dévastée et changée, le haut en habitation, et le bas, en remise, par les acquéreurs du prieuré. Il ne reste plus de cet édifice sacré que les quatre murs de la nef ; la voûte a fait place à un plancher ; le chœur est démoli ; le portail, de style roman, est très-bien conservé.

Nous n'avons nul besoin de dire combien il est regrettable que cette chapelle ait été ainsi vandalisée, et combien il est à désirer qu'elle soit rétablie dans son état primitif et rendue à sa pieuse destination. Nous aimons à espérer que cette œuvre de restauration ne tardera pas à s'accomplir, car notre siècle est appelé à réparer les ruines du précédent, et partout, le plus humble sanctuaire, comme la plus vaste cathédrale, appelle son attention et éveille sa sympathie.

Ce n'est qu'une affaire d'argent, et grâce au concours bienveillant des communes et des particuliers, la somme nécessaire ne semble pas difficile à trouver. Le propriétaire, moyennant une indemnité convenable, la céderait volontiers. On commencerait par l'isoler des bâtiments contigus ;

les réparations et autres embellissements se feraient petit à petit, et, dans quelques années, on pourrait la bénir et y célébrer le saint sacrifice de la messe.

Il semble, du reste, que telle soit la volonté de Dieu ; car, l'année dernière, un horrible incendie ayant dévoré quatre corps de bâtiments adossés à la chapelle, sans que cette dernière ait reçu la plus légère atteinte, les populations voisines accourues pour porter secours aux victimes du fléau, ne purent s'empêcher d'attribuer à saint Evrard la conservation de son antique sanctuaire.

Avant de clore cette notice, nous allons rapporter un fait, peu important par lui-même, mais qui, par son caractère mystérieux, est de nature à piquer la curiosité du lecteur.

Au mois d'avril 1863, un inconnu déposa dans l'oratoire de saint Evrard deux pots de fleurs, accompagnés de deux pièces écrites par deux mains différentes ; l'une en français, l'autre en latin. Voici la première :

« La lettre et le cadeau à saint Evrard et à la Ste Vierge ne doit être développé que par le pasteur de la commune à qui de droit, et bénédiction s'il vous plaît. »

Voici la traduction de la seconde :

« *Au Saint de la forêt*.

« O toi que j'ai rencontré en parcourant un bois inconnu, sois-moi propice. Fais que je ressente toujours l'effet de ta puissance auprès de Dieu, comme je l'ai ressenti, lorsque, ayant perdu mon chemin, j'errais à travers les montagnes et les vallées d'une immense forêt. J'avais déjà perdu tout espoir ; partout le bois, partout le ciel ; la nuit même accourait avec ses épaisses ténèbres, et personne pour me montrer ma route. Mais toi, comme le plus tendre des pères, tu veillais sur moi et me tendais les mains. Et non seulement tu me montres le chemin ; tu me fais encore rencontrer un parent inconnu. Maintenant, plein de dévotion envers toi, je viens déposer à tes pieds ce gage de ma fidélité.

F. D., de Langres. »

Une dernière pièce mettra fin à tout ce que nous avons pu recueillir sur la vie et le culte de saint Evrard. C'est une prière en son honneur, encadrée et placée à côté de son tombeau, dans l'église de Luzy.

PRIÈRE A SAINT ÉVRARD.

Bienheureux saint Evrard, notre second patron, notre cher compatriote et le protecteur de tout le canton, le refuge de tous les affligés et de tous les malades ! Vous qui par vos prières nous avez obtenu si souvent la pluie et la sérénité de l'air dans nos besoins ; vous avez, pendant votre sainte vie, arrosé notre finage de vos larmes et de vos sueurs, et l'avez choisi pour le lieu de votre sépulture, nous voici prosternés aux pieds de votre tombeau ; nous sommes vos enfants et vos voisins, double titre à votre protection ; c'est un grand trésor pour nous de posséder vos précieuses reliques ; mais le plus grand miracle que vous puissiez opérer en notre faveur, c'est de nous conserver la foi et la religion de nos pères, nous guérir de la fièvre du péché, et enfin de nous obtenir par votre intercession une mort semblable à la vôtre, par N.-S. J.-C. Ainsi soit-il.

Pater et Ave.

L'abbé MARICHAL.

LANGRES, IMPRIMERIE ET LITHOGRAPHIE DE DEJUSSIEU.